L'humanitaire expliqué à mes enfants

Jacky Mamou

L'humanitaire expliqué à mes enfants

Éditions du Seuil

ISBN 2-02-050571-1

www.seuil.com

A Roxane et Hadrien, mes enfants,
et à Colette, leur maman.

Présentation

En revenant de missions humanitaires, plus d'une fois mes enfants m'ont demandé de raconter et d'expliquer... Comment dire avec leurs mots des drames, des situations parfois compliquées ? L'exercice n'est pas aisé pour qui veut le faire honnêtement. Ces quelques pages essaient d'en rendre compte. Elles sont également le fruit de rencontres avec des groupes d'enfants ou des classes entières.

L'action humanitaire est sans doute, avec l'écologie, un sujet d'unanimité parmi les jeunes. Les images que tous ont vues à la télévision, à un moment ou à un autre, de volontaires humanitaires secourant des gens en détresse y ont beaucoup contribué. Ils questionnent avec avidité sur le sort des autres enfants qui vivent si loin d'eux. Cet intérêt est la preuve aussi d'une solidarité spontanée. La curiosité pour les modes de vie, les habitudes et les coutumes des gens qui leur paraissent si différents rassure sur leur désir de s'ouvrir au monde.

Ils sont émus également par la misère qu'ils rencontrent au coin de la rue et s'interrogent parfois sur ses causes avec un sens aigu de la justice.

Mais, finalement, les enfants reviennent toujours à une seule interrogation, simple mais essentielle : Avez-vous pu faire quelque chose pour aider ces gens qui souffrent ?

De la réponse qu'on leur fera dépendra l'attachement qu'ils continueront à témoigner pour l'action humanitaire. Et ils ont raison.

Qu'est-ce que l'action humanitaire ?

– Papa, j'ai vu à la télévision des réfugiés qui fuyaient, j'en ai eu le cœur serré.

– Dès qu'il y a des réfugiés, c'est qu'il se passe quelque chose d'injuste et de dramatique dans le monde.

Je me souviendrai toujours de ce que j'ai vu à la frontière albanaise en 1999. Une immense colonne ininterrompue de Kosovars, sur des tracteurs avec des remorques, dans des voitures sans plaque d'immatriculation, et à pied pour beaucoup. Les enfants hurlaient parce qu'ils ne comprenaient pas ce qui se passait. Les femmes essayaient de les rassurer ou pleuraient en silence. Les vieux baissaient la tête. Il y avait peu d'hommes parmi eux. Certains s'étaient cachés dans la montagne, d'autres avaient été arrêtés par les soldats serbes.

Pendant l'exode des Kurdes, en 1991, au moment où Saddam Hussein les bombardait, des familles entières couraient, une nuée d'enfants autour d'elles. Beaucoup de petits étaient malades.

Mais le pire est arrivé en 1994, quand les Rwandais hutus, qui s'étaient réfugiés à Goma, au Zaïre, ont été victimes d'une épidémie de choléra. Il y a eu des dizaines de milliers de morts.

– Mais est-ce que vous pouvez vraiment les aider ?

– Oui. Il faut préciser que chaque situation est différente. Pour les Kosovars, les premiers jours ont été très difficiles, parce que les organisations humanitaires étaient débordées par leur nombre inattendu. Mais ensuite, nous avons pu nous organiser plus efficacement.

Quand il y a des déplacements importants de personnes, il faut toujours installer un dispositif d'accueil le long de leur route.

Par exemple en Albanie, sous des tentes de toile servant de dispensaire, les médecins et les infirmières donnaient les premiers soins. Les réfugiés kosovars, après une si longue marche, avaient les pieds transformés en immenses ampoules.

Tous les enfants qui nous étaient amenés toussaient et avaient de la fièvre. Parfois, nous examinions des blessés rescapés des mauvais traitements infligés par les soldats serbes. Les cas les plus graves étaient transportés en voiture à l'hôpital de la ville la plus proche. Là, des médecins albanais ou des médecins humanitaires les soignaient grâce à des médicaments et du matériel médical envoyés par la solidarité internationale.

Les Kurdes étaient paniqués et acceptaient mal de nous laisser le temps de soigner les enfants victimes de diarrhées. Nous devions beaucoup parler avec eux pour les convaincre de se poser un moment.

Avec les Rwandais, le principal problème était l'eau potable qu'il fallait faire venir de loin. Sur ce sol volcanique où s'était installé près d'un million de personnes, on ne trouvait pas le précieux liquide.

– Et qu'est-ce que vous faites d'autre ?

– Différentes organisations humanitaires fournissent de la nourriture et de l'eau, des couvertures ou encore comptent le nombre de personnes qui passent la frontière.

Certains, grâce à l'aide de traducteurs, questionnent systématiquement les réfugiés. Nous apprenons alors d'où ils viennent, les raisons de leur fuite, par où ils sont passés et ce qu'ils ont vu en chemin. Ainsi, par recoupements successifs, on essaie de reconstituer l'histoire de ces gens devenus des réfugiés.

– Mais alors, tout ça c'est aussi de l'action humanitaire ?

– Bien sûr ! L'action humanitaire, c'est avant tout secourir, aller vers l'autre, l'aider, mais c'est aussi comprendre chaque situation particulière. Car la souffrance des victimes s'exprime de différentes manières. Les médecins soignent les blessures qui se voient et celles qui ne se voient pas.

Cela veut dire qu'il faut donner à boire, alimenter, traiter les lésions du corps, recoudre les plaies, plâtrer les fractures.

Mais il est tout aussi important de soigner les blessures de l'âme, comme les dépressions, les insomnies, les cauchemars incessants et bien d'autres difficultés qui rendent parfois la vie intenable. Ces gens ont été victimes ou témoins de violences.

Pour essayer de soulager ces personnes, les médecins, les psychologues tentent de gagner leur confiance en leur proposant d'écouter ces terribles récits. Si ce travail est fait rapidement, on sait maintenant que les possibilités de guérison sont bien meilleures.

– J'ai vu plusieurs fois à la télévision cette scène, où une pédiatre de Médecins du monde soignait un enfant kosovar sous une tente. Elle a raconté, les larmes aux yeux, l'histoire de ce petit garçon qui avait assisté à l'assassinat de ses parents et n'avait pu sauver sa jeune sœur de l'incendie de leur maison…

– Dire ce que l'on voit, dans des pays si différents de notre réalité, fait aussi partie de l'activité humanitaire. C'est le travail de témoignage.

L'idée est d'informer le public sur des choses terribles qui arrivent à d'autres gens, et d'attirer ainsi l'attention sur eux.

Parfois même, il arrive que des gouvernements agissent alors dans un sens favorable aux victimes. Pour cela, les acteurs humanitaires utilisent les journaux, la radio, la télévision.

– Tu peux me donner un exemple ?

– Je vais te raconter ce qui s'est passé avec des habitants du sud du Vietnam qui fuyaient le régime communiste de leur pays.

Des familles entières s'échappaient dans des petits bateaux surchargés. Beaucoup de ces embarcations chaviraient, d'autres étaient attaquées par des pirates malaisiens qui sillonnaient la mer de Chine.

En 1980, un médecin dont tu as beaucoup entendu parler depuis, Bernard Kouchner, avait affrété, avec quelques-uns de ses collègues, un grand navire-hôpital pour sauver le plus possible de ces naufragés. La difficulté ensuite consistait à trouver un pays qui accepte de les accueillir.

Plus les journaux et la télévision parlaient de ces malheureux, qu'on appelait les *boat people* – les gens des bateaux –, plus le nombre de visas, c'est-à-dire d'autorisations de se rendre dans un autre pays, augmentait. Depuis, la leçon a été comprise ; on appelle ça la loi du tapage maximum.

– Et tous les Vietnamiens qui le voulaient ont-ils pu s'enfuir ?

– Non, pas tous, car le gouvernement n'acceptait pas un départ trop voyant des habitants. Et, de plus, il semblait difficile d'envisager leur arrivée en masse dans d'autres pays.

Tu vois, au risque de te décevoir, l'action humanitaire reste modeste. Elle n'a pas comme ambition de résoudre des problèmes de frontières ou des questions politiques compliquées. Mais ce qui est certain, c'est que des gens ont été sauvés. Et, après tout, il s'agit bien de l'objectif principal de l'action humanitaire.

L'action humanitaire a-t-elle toujours existé ? Qui sont les *French doctors* ?

– Les organisations humanitaires existent-elles depuis longtemps ?

– L'idée de secourir les pauvres, les malades, les orphelins est très ancienne et commune à la plupart des religions. Et, depuis toujours, il y a eu des tentatives pour donner des règles à la guerre, pour soigner les blessés et épargner les civils.

Mais les choses ont vraiment changé avec Henri Dunant. Ce citoyen suisse, épouvanté à la vue des milliers de blessés abandonnés sur le champ de bataille de Solferino, en 1859, décide alors de créer le Comité international de la Croix-Rouge, le CICR. C'est donc Henri Dunant l'inventeur de l'« humanitaire » moderne. Pour la première fois, les secouristes assistent les soldats blessés des deux camps, ils sont neutres et on les reconnaît facilement parce qu'ils portent sur eux la croix rouge sur fond blanc que tu connais bien.

La Croix-Rouge, une association privée suisse, va jouer un rôle essentiel dans le droit international humanitaire, qu'on appelle aussi le droit de la guerre. Elle constitue vraiment une organisation à part. Très puissante, elle est financée par les États et ne peut agir qu'avec l'autorisation des gouvernements. Elle a donné naissance à des sociétés nationales, comme la Croix-Rouge française, qui travaille en France et intervient à l'étranger lors des catastrophes naturelles.

Il y a d'autres organisations humanitaires très anciennes et bien expérimentées. Certaines sont religieuses, comme Caritas, liée à l'Église catholique ; d'autres sont laïques, comme la britannique Oxfam ou l'américaine Care.

Plus tard survient une autre génération d'organisations humanitaires avec les *French doctors*.

– *Les French doctors, ça veut dire les docteurs français ?*

– Exactement. Ce sont les journalistes étrangers qui ont appelé ainsi les organisations médicales françaises : Médecins sans frontières, Médecins du monde, Aide médicale internationale.

– *Comment l'idée leur est venue à ces French doctors, comme tu dis, de créer des organisations humanitaires ?*

– En 1968, un petit groupe de médecins français, dont Bernard Kouchner, était parti avec la Croix-Rouge pour soigner les Ibos du Biafra, qui luttaient pour leur indépendance contre le Nigeria. Celui-ci recevait l'appui aussi bien de la Russie soviétique que de la Grande-Bretagne. Le combat était inégal, et des centaines de milliers d'Ibos sont morts, victimes des massacres et de la faim.

Revenus en France, les médecins voulurent raconter ce qu'ils avaient vu, passant outre au règlement de la Croix-Rouge le leur interdisant.

– Et ils ont été écoutés ?

– Oui, car c'était la première fois que la télévision montrait des petits enfants qui mouraient de faim : leurs membres tout maigres, leur gros ventre et leur regard absent.

Le choc fut terrible. Le monde entier suivait quasiment en direct l'extermination de civils. Et ces médecins hurlaient qu'il n'y avait pas de bonnes ou de mauvaises victimes, des morts de gauche ou des morts de droite, mais seulement des civils qu'on faisait mourir. Leurs paroles ont eu tout de suite un écho retentissant.

Autour de ce noyau de médecins revenus du Biafra, une organisation non gouvernementale va apparaître en 1971 : Médecins sans frontières.

– Qu'est-ce que c'est exactement une organisation non gouvernementale ?

– Comme son nom l'indique, c'est une organisation qui ne dépend pas d'un gouvernement ou d'un État. Un groupe de personnes décide de s'associer librement pour agir et crée ainsi une organisation non gouvernementale, en abrégé ONG. Il s'agit donc d'un organisme privé, sans but lucratif, autrement dit dont la finalité n'est pas de dégager des bénéfices.

Il existe plusieurs types d'ONG. Certaines s'occupent d'écologie, d'autres défendent les minorités ou les droits de l'homme.

Celles qui nous intéressent aujourd'hui sont les ONG humanitaires. Et c'est bien évidemment en France que va naître d'abord ce mouvement de *French doctors*.

– Pourquoi en France précisément ?

– Beaucoup de circonstances ont été propices à la création de ces ONG dans notre pays juste à cette période.

En effet, le monde vivait alors en pleine « guerre froide », c'est-à-dire une situation de tension qui n'est ni vraiment la guerre ni vraiment la paix.

La planète était divisée en deux camps : d'une part les pays communistes autour de la Russie soviétique, et d'autre part les pays occidentaux, dominés par les États-Unis d'Amérique.

Le général de Gaulle avait essayé de soustraire la France à cette logique des deux blocs et de soutenir les pays les plus pauvres.

La révolte étudiante de 1968 se déroule à ce moment-là. Elle met en avant les droits des individus contre la toute-puissance des États et propage une généreuse idée de solidarité internationale.

Quelques années auparavant se créait Amnesty International défendant les victimes des atteintes aux droits de l'homme avec une scrupuleuse égalité entre les deux camps de la guerre froide.

Pour les jeunes médecins humanitaires, le premier des droits de l'homme est le droit à la vie. Et puisque ces droits ne sont pas respectés, l'opinion publique doit être le bouclier pour protéger les victimes. Les médias, et particulièrement la télévision présente maintenant dans tous les foyers ou presque, vont donner une énorme visibilité à leur action.

– Donc télévision et humanitaire, ça va ensemble ?

– Oui, absolument.

Tu sais, du temps d'Henri Dunant, à la fin du XIXe siècle, quand naissait la Croix-Rouge, déjà on parlait du télégraphe comme moyen d'information essentiel pour alerter les opinions publiques sur la situation dramatique des blessés de guerre.

Plus tard, l'abbé Pierre lancera un appel à la radio en faveur des sans-logis qui, en France, mouraient de froid pendant l'hiver de 1954. Depuis la guerre du Biafra, la télévision est le nouvel outil dont se servent les humanitaires pour témoigner de la détresse des populations.

– Que faisaient donc les French doctors pour qu'on parle tellement d'eux ?

– Ils se sont fait connaître dans les années 1970-1980 avec comme devise : « Aller où les autres ne vont pas. » Ils emmenaient d'ailleurs souvent des journalistes avec eux.

Leur activité quotidienne était de soigner les blessés libanais, qu'ils soient chrétiens ou musulmans, de construire des hôpitaux souterrains en Afghanistan pendant les bombardements russes, de repêcher les *boat people* en mer de Chine, d'opérer les blessés au Kurdistan…

Ce fut un changement important, une nouvelle manière de porter assistance en urgence aux populations en danger, sans être arrêté par le problème des frontières ou par les autorisations des gouvernements.

Depuis, beaucoup d'autres ONG sont apparues, inspirées des mêmes principes : Action contre la faim, spécialisée dans l'aide alimentaire ; Handicap international, pour soulager les handicaps des blessés de guerre ; Première Urgence, Solidarités ou

Atlas, qui s'occupent de reconstruction, et bien d'autres encore.

Ces *French doctors* ont inventé le devoir d'ingérence.

– *Qu'est-ce que c'est l'ingérence ?*

– L'ingérence consiste à s'immiscer, à intervenir dans les affaires des autres, sans leur autorisation.

Les *French doctors* trouvent inadmissible de ne rien faire face à une population qui souffre, sous prétexte que cela se passe dans un autre pays. Les membres de ces organisations pensent que toute détresse humaine les concerne. Ils citent volontiers un grand auteur russe, que tu étudieras plus tard, Dostoïevski, qui disait : « Tous les hommes sont responsables, et moi plus que les autres. » Ainsi s'affirme le devoir d'ingérence, qui va prendre une grande importance.

– *Mais est-ce qu'ils ne se mêlent pas des affaires des autres ?*

– Bien sûr que oui ! C'est précisément ce que reprochent les gouvernements des pays qui traitent si mal leurs populations. Avec toujours le même argument : « Il s'agit d'un problème intérieur et donc ça ne vous regarde pas ! » L'inacceptable est là ! Il faut le faire savoir.

– *Qu'est-ce que ça a changé ?*

– L'Organisation des Nations unies, en abrégé ONU, va s'intéresser de plus en plus à l'humanitaire et à l'ingérence.

– *Attends, rappelle-moi un peu ce que c'est que l'ONU.*

– L'ONU réunit tous les États de la planète. Ils sont 189 et s'assemblent pour discuter, et parfois décider, des affaires du monde. Cette grande organisation, créée en 1945, possède une charte, c'est-à-dire un règlement intérieur comme il en existe un dans ton collège, que chacun doit respecter.

Par exemple, il y est dit que la guerre n'est pas acceptable, sauf en cas de légitime défense. L'ONU dirige aussi de grandes agences humanitaires.

– *L'ONU fait aussi de l'humanitaire ?*

– Eh oui. Chacune de ces agences humanitaires a sa mission particulière. Je sais que tu as déjà entendu parler de l'UNICEF, le Fonds de secours pour les enfants. Il existe aussi une agence spécialement chargée de la lutte contre la famine, qui s'appelle le Programme alimentaire mondial.

Le Haut Commissariat pour les réfugiés, le HCR, s'occupe des « réfugiés », qui fuient à l'extérieur de leur pays. A différencier des « déplacés », qui sont des personnes obligées de quitter leurs foyers, mais qui ne franchissent pas les frontières de leur territoire. La mission du HCR est de les aider et de les protéger, en faisant appliquer le droit des réfugiés.

Toutes ces grandes agences humanitaires dépendent de l'argent donné par les différents États. Pour pouvoir agir dans un pays, il leur faut demander les autorisations au gouvernement local. Cela nuit parfois à leur efficacité. Le HCR, par exemple, n'a pas toujours l'autorisation de s'occuper des personnes déplacées.

– A part l'humanitaire, que fait donc l'ONU ?

– Écoute bien ce qui va suivre. L'ingérence défendue par les ONG a eu d'immenses conséquences.

A partir des années 90, c'est la fin de la guerre froide par l'effondrement du système communiste en Russie. Il règne alors un immense espoir. Celui de faire jouer à l'ONU un rôle d'arbitre international dans les conflits et de protecteur des populations vulnérables.

C'est ainsi que, sous l'influence notamment de Bernard Kouchner devenu ministre, l'ONU décide d'intervenir par la force dans certains pays pour imposer une protection humanitaire de leurs populations. On a donc parlé alors d'un nouveau droit d'ingérence. Un peu à tort, car le droit d'intervenir n'avait pas vraiment beaucoup changé. La Charte des Nations unies permettait pourtant d'envoyer des troupes « pour rétablir la paix et la sécurité internationales », mais, jusque-là, on ne le faisait pas. Dans ce nouvel état d'esprit, la première intervention eut lieu en Irak, puis en Somalie en 1992, où régnaient la famine et la guerre.

– Ah oui, je me souviens, quand j'étais à l'école primaire, chaque enfant avait apporté un sac de riz pour l'envoyer en Somalie !

– C'est vrai ! Tu demandais souvent si le riz était arrivé aux enfants somaliens. Il est bien arrivé parce que les soldats de l'ONU ont protégé sa distribution. Ces soldats qui portent un casque bleu, la couleur des Nations unies, viennent de beaucoup de pays différents.

– Et là, tous les pays de l'ONU étaient d'accord pour faire ça ?

– Non. Les États les moins riches, ceux qui sont situés sur ta mappemonde dans l'hémisphère Sud, ne sont pas trop d'accord avec cette nouvelle manière de voir les choses. Ils craignent cette ingérence. Elle pourrait, selon eux, amener à multiplier les opérations des « casques bleus » sur leur territoire, pour des motifs humanitaires. A la fin, ces pays redoutent de ne plus être maîtres chez eux.

Et puis il a été reproché à l'ONU d'utiliser l'humanitaire à des fins politiques. De ne rien faire pour le Tibet malmené par la Chine ou de ne rien dire sur la politique russe en Tchétchénie.

En revanche, quand Saddam Hussein, à la tête de l'Irak, a envahi le Koweït si riche en pétrole, l'ONU a décidé une intervention militaire. Il faut dire que les États-Unis ont beaucoup influencé cette décision. Pour affaiblir Saddam Hussein, les Américains ont appelé les Kurdes d'Irak à se révolter contre lui, mais sans leur en donner les moyens militaires. Les Kurdes ont été bombardés très durement par l'armée irakienne et se sont enfuis dans les pays voisins, la Turquie et l'Iran. Ce fut un désastre humanitaire, d'ailleurs prévisible.

Après avoir chassé les Irakiens du Koweït, l'ONU a finalement réinstallé les Kurdes en Irak par la force, mais en laissant leur vieil ennemi Saddam Hussein au pouvoir. Rien n'était donc réglé.

En Somalie, l'intervention de l'ONU avait été mal préparée. Les « casques bleus » arrivèrent sans bien connaître le pays et son organisation en clans qui se faisaient la guerre. Sur le terrain, les choses ne se sont pas bien passées. Une fois les troupes de l'ONU parties, la situation alimentaire sembla meilleure mais aucune paix durable ne fut rétablie.

L'ingérence reste encore maintenant un sujet de discussion très vif entre ses partisans et ses opposants.

Que font les organisations humanitaires ?

– *Dans les guerres, est-ce que les humanitaires prennent parti pour un camp ou pour un autre ?*

– Non. Ce n'est pas le rôle des humanitaires d'être pour les uns ou pour les autres. Certains parlent de neutralité pour caractériser leur action de secours. Un terme que beaucoup d'organisations humanitaires n'aiment pas, parce qu'il semble s'appliquer aussi bien aux victimes qu'aux bourreaux. On lui préfère le mot « impartialité », qui vient du privatif *im* et du mot *partial* qui signifie parti. Sans parti pris. Prenons l'exemple des guerres civiles.

– *Qu'est-ce que c'est une guerre civile ?*

– Une guerre civile est un conflit armé où ceux qui s'affrontent appartiennent au même pays. Elle s'avère fréquemment très cruelle. Les populations civiles – autrement dit ceux qui ne portent pas d'armes, comme les femmes, les personnes âgées, les enfants – sont les plus touchées. Ces enfants qui pourtant devraient être protégés par la Convention internationale des droits de l'enfant.

Les organisations humanitaires essaient alors de travailler dans les deux camps, comme en Angola ou au Congo.

Mais parfois le grand nombre de mauvais traitements infligés volontairement à toute une population nous oblige à dénoncer les coupables.

Ce fut le cas durant la guerre en ex-Yougoslavie au cours des années 90. Plusieurs organisations humanitaires ont violemment critiqué alors la « purification ethnique », tout en portant assistance aux populations de tous les camps, qu'elles soient serbes, bosniaques ou croates.

– *Qu'est-ce que c'est la « purification ethnique » ?*

– Cette expression affreuse signifie que, dans un territoire où vivent des populations d'origines diverses, on en expulse une partie par la terreur au profit d'une autre. L'armée et d'autres troupes serbes sous les ordres de leur président Milosevic ont été les champions de cette manière de faire la guerre. Même si elles ne furent pas les seules à agir ainsi.

– *On ne devrait pas permettre ces mauvais traitements. Mais pourquoi laisse-t-on se dérouler de telles horreurs ?*

– Les attaques contre les civils sont normalement interdites. Les bombardements des villes, les déplacements forcés de populations, les tortures, les exécutions sans jugement ne sont pas autorisés.

Il existe des textes, les Conventions de Genève, qui ont été signés par de nombreux pays dans la grande ville suisse. Les pays signataires s'engagent à les respecter et à les faire respecter. Ces documents concernent notamment la protection des civils en temps de guerre.

Les Conventions de Genève font partie du « droit international humanitaire ». C'est un progrès important. Malheureusement, très souvent, ce droit n'est pas respecté. La tâche des organisations humanitaires, et en particulier du Comité international de la Croix-Rouge, est de rappeler aux combattants qu'ils doivent épargner les populations civiles.

– Je pensais que les guerres tuaient surtout des soldats !

– C'était vrai surtout au siècle dernier. Pendant la Première Guerre mondiale, de 1914 à 1918, 90 % des victimes étaient des militaires. Dans les conflits actuels, c'est le contraire : l'essentiel des victimes sont des civils.

– Mais pourquoi ?

– Parce que les buts et les moyens de faire la guerre ont beaucoup changé. Avant, il s'agissait des armées de deux ou plusieurs pays qui s'affrontaient. Maintenant, le plus souvent, il s'agit de guerres civiles, où l'objectif des combattants est d'éliminer totalement une partie de la population.

Par exemple, au Rwanda en 1994, les extrémistes hutus ont commis un génocide contre les Tutsis et les autres Hutus qui ne partageaient pas leurs idées.

Tu as sans doute appris à l'école que le génocide consiste à tenter d'anéantir un peuple. Comme les nazis voulurent le faire pour les juifs et les tziganes pendant la Seconde Guerre mondiale. Je t'ai parlé tout à l'heure de la purification ethnique. Voilà ce que sont les guerres modernes.

– Toutes les guerres sont comme ça ?

– Non. Il y a aussi des pays où la désorganisation est totale, et où il n'y a même plus d'armée, de police ni de tribunaux. Ceux qui dominent alors sont des seigneurs de la guerre comme au Moyen Age. Pour s'enrichir, il arrive qu'ils prennent en otage une partie de leur population en l'affamant afin d'attirer l'aide humanitaire (la nourriture, les médicaments, mais aussi le matériel amenés naïvement par la solidarité) et la détourner à leur profit. C'est ce qui s'est passé en Somalie, au Soudan ou au Liberia.

– Mais l'ONU ne peut-elle pas empêcher les guerres ?

– Malheureusement, non. Il est d'abord très difficile de se mettre d'accord à 189 pays. Ensuite, tous n'ont pas la même influence puisque, à l'ONU, les décisions importantes peuvent être bloquées par les cinq États les plus puissants. Cela s'appelle le droit de *veto*, qui en latin veut dire « je m'oppose ».

Les États-Unis d'Amérique, la Russie, la Chine, la France et la Grande-Bretagne possèdent ce droit de *veto*. Ces États ne prennent pas forcément les décisions dans l'intérêt des populations qui souffrent, mais surtout en fonction de leurs propres intérêts. Au bout du compte, rien ne se fait, parce qu'on n'arrive pas se mettre d'accord. Alors des situations très graves sont laissées sans solutions efficaces.

Pour revenir au Rwanda, sais-tu que pendant le génocide il y avait des « casques bleus » sur place ?

– Et ils n'ont rien fait ?

– Ils n'étaient pas suffisamment nombreux pour cela. L'ONU a même diminué leur nombre. De plus, les ordres qu'ils ont reçus n'étaient pas assez clairs. Certains « casques bleus » furent sauvagement assassinés. Imprévoyance, incompréhension de ce qui se passait réellement ! Dans toute cette région d'Afrique, appelée l'Afrique des Grands Lacs, règne une guerre incessante. Les terres cultivables sont trop limitées, et de très nombreux groupes de populations y vivent. Et puis, contrairement au Koweït, le Rwanda n'a pas de pétrole et reste un petit pays pauvre. Envoyer de nombreux « casques bleus » coûte cher. Résultat : une tuerie de 500 000 à 1 000 000 de personnes dans l'indifférence quasi générale.

– Est-ce que les coupables ont été punis ?

– Pour la plupart, non. Les auteurs du génocide s'enfuirent devant l'avancée des soldats du Front patriotique rwandais, un mouvement qui s'opposait à eux. Ils se réfugièrent alors dans les autres pays de la région, en prenant en otage une grande partie de la population hutue.

En fait, beaucoup de Hutus, et parmi eux des femmes et des enfants, sont morts dans des conditions affreuses, décimés par la faim, les maladies et les affrontements dans les forêts de l'est du Zaïre.

Les organisations humanitaires ont essayé d'en sauver le plus possible et d'alerter l'ONU, en vain. Cependant, les principaux organisateurs du génocide, ceux qui donnèrent les ordres de tuer, ont pu s'échapper à l'étranger.

Pour essayer de les arrêter et pour les juger, l'ONU a décidé quelque chose d'exceptionnel : la création d'un tribunal international pour les crimes commis au Rwanda. Ainsi, peut-être, un jour seront-ils punis.

– Pourquoi est-ce si exceptionnel ?

– Parce que depuis la fin de la Seconde Guerre mondiale, où un tribunal international avait jugé les chefs nazis à Nuremberg, il n'y avait jamais eu pareille mesure. Un autre tribunal international a été créé pour les crimes commis en ex-Yougoslavie.

Depuis, une Cour pénale internationale est en train de se mettre en place. Les organisations humanitaires se sont beaucoup impliquées pour qu'elle puisse exister. C'est une avancée très importante pour la justice.

Cela veut dire que toute personne inculpée de crime contre l'humanité, de crime de guerre, peut être jugée par un tribunal international, si elle ne l'a pas été avant par un tribunal de son pays.

– Je ne comprends pas quelle différence il y a entre ces crimes…

– Les crimes de guerre constituent des actes graves commis pendant une guerre : meurtres, tortures, viols, déportation de population.

Les crimes contre l'humanité ne sont pas commis forcément en temps de guerre. Il s'agit d'attaques systématiques et massives contre une population civile, faites avec l'intention de lui nuire pour une raison politique, religieuse ou ethnique. Le génocide est le plus grave d'entre eux.

Tous ces délits constituent des violations du droit international humanitaire. Ils sont imprescriptibles, c'est-à-dire qu'ils ne peuvent être effacés par le temps, et que la justice poursuivra toujours leurs auteurs.

– Bon, mais est-ce que tout ce travail pour le droit est efficace ?

– Oui, mais c'est souvent long et parfois décevant. Surtout, cela dépend de la puissance des États qui violent les Conventions de Genève.

Par exemple, si de grands pays sont concernés, comme la Russie pour son action en Tchétchénie, ou la Chine sur la manière dont elle agit au Tibet, il s'avère très difficile de les punir. Mais toutes les dénonciations faites par les humanitaires et les défenseurs des droits de l'homme sur la mauvaise conduite de ces gouvernements envers les civils ne leur font pas plaisir, et les gênent.

Quand il s'agit d'États moins puissants, des moyens de pression sur eux existent, car ils ont besoin des autres pays pour le commerce, les armes et la politique, et là, des sanctions sont possibles.

– C'est la loi du plus fort ?

– Heureusement, pas toujours. Mais c'est vrai que, parfois, nous sommes découragés, car, malgré tous nos témoignages, il n'y a ni changement ni sanction, et les civils sont toujours maltraités. De toute façon, les humanitaires doivent faire ce qu'ils ont à faire et dire ce qu'ils ont à dire. Le reste ne dépend pas d'eux.

De temps en temps, il arrive de bonnes surprises. Tu le sais, je t'en ai déjà parlé, j'ai longtemps travaillé au Chili avec Médecins du monde. Un dictateur comme le général Pinochet, qui semblait intouchable dans son pays, le Chili, est aujourd'hui extrêmement menacé. Il doit répondre des crimes qu'il a commis pendant les années 1973-1990. Personne, à l'époque, n'aurait parié un *peso* qu'il lui serait arrivé pareille fin de vie.

– Bon, alors, pour faire de l'humanitaire, il faut être aussi un peu avocat ou juge ?

– Non. Mais tout ce qui touche au droit est très utile pour l'action humanitaire. Et ce sont souvent les organisations humanitaires qui dénoncent les crimes de guerre subis par les populations qu'elles assistent.

Médecins sans frontières l'a fait pour les massacres des Hutus rwandais au Zaïre en 1997, et Médecins du monde pour la guerre totale faite à la population tchétchène par la Russie en 2000.

De leur côté, les organisations de défense des droits de l'homme, comme Amnesty International ou la Fédération internationale des droits de l'homme, envoient des enquêteurs quand elles pensent que des choses graves se passent dans certains endroits du monde. Ces ONG font des rapports où sont dénoncées les atteintes aux droits des personnes.

– Mais elles font un peu la même chose ?

– Non, le travail permanent des organisations humanitaires est de secourir les populations en étant auprès d'elles, et pas seulement de dénoncer les violences dont elles sont victimes. Mais, humanitaires et défenseurs des droits de l'homme, chacun à leur manière, participent à la sauvegarde du droit à la vie et à la dignité de la personne…

– Tu parles de dignité, pourquoi ?

– Parce que c'est une donnée essentielle de l'action humanitaire.

Traiter les individus comme des êtres humains reste le premier de nos devoirs. On ne jette pas la nourriture, on la distribue. On respecte les coutumes et les habitudes des gens. S'ils sont nus, il faut leur proposer des vêtements. Il est indispensable d'expliquer aux personnes qu'on assiste pourquoi on se trouve auprès d'elles, ce qu'on a l'intention de faire pour les aider, et d'obtenir leur accord.

Si un enfant semble dénutri, autrement dit dangereusement amaigri, il faut que la mère participe à son traitement. Le meilleur moyen, c'est de la faire venir avec ses autres enfants dans les centres de nutrition intensive. Cela afin de ne pas donner à la maman le sentiment qu'elle doit choisir entre l'enfant malade et le reste de sa famille.

J'ai demandé un jour à un vieil homme, très pauvre, pourquoi il continuait à se faire soigner dans notre dispensaire humanitaire, à Paris, alors qu'il avait obtenu depuis déjà un certain temps ses papiers pour consulter gratuitement à l'hôpital. Il m'a répondu : « Parce qu'ici, quand on me parle, on me vouvoie et on m'appelle Monsieur. »

– Et quand il y a des tremblements de terre ou des inondations, des secours sont aussi envoyés dans beaucoup de pays.

– C'est heureusement vrai ! Dans ces moments-là, il y a souvent beaucoup d'émotion et de solidarité grâce aux images de la télévision. Des sauveteurs sont envoyés pour sortir les gens des décombres, les soigner, les nourrir, les abriter car ils n'ont plus de foyer.

– Il faut penser à tout ça en même temps ?

– Oui, et c'est justement ça qui est très difficile. Cet exercice s'appelle la coordination, et consiste à se mettre d'accord sur qui fait quoi, pour éviter les gaspillages et surtout être efficace le plus vite possible. Beaucoup de gens, de métiers et de nationalités très différents agissent en même temps.

Parfois, il y a un peu de pagaille, et cela dépend beaucoup de l'endroit où a lieu la catastrophe. Si ça se passe dans un pays bien organisé, tout est plus facile et chacun trouve très vite sa place, en fonction de ce qu'il sait faire.

– Là au moins tout le monde est d'accord, il n'y a qu'à se mettre au travail !

– Détrompe-toi ! Passés les premiers moments de panique, beaucoup de questions surgissent. L'aide humanitaire elle-même peut être répartie de façon injuste. Au Mozambique, où il y eut des inondations dramatiques, les organisations humanitaires durent protester vigoureusement afin que toutes les régions touchées puissent bénéficier équitablement du matériel envoyé, et pas seulement la région où était né le président.

Le plus souvent, les victimes se trouvent parmi les plus pauvres. Ainsi, au Venezuela, les habitations des quartiers populaires, construites sur des sols instables, se sont disloquées après des pluies torrentielles.

En Turquie, les immeubles bon marché, bâtis sans précaution, n'ont pas résisté aux premières secousses du tremblement de terre…

– Tu veux dire : mieux vaut prévenir que guérir ?

– Exactement. Même si tout n'est pas prévisible dans une catastrophe naturelle, beaucoup de drames pourraient être évités si les autorités ne laissaient pas construire des logements sur des terrains dangereux ou si elles exigeaient des méthodes de construction antisismiques. Bien sûr, cela coûte plus cher et dépend des choix politiques des gouvernements.

– Et les guerres, peut-on les prévenir ?

– On le pourrait, au moins dans certaines situations, car beaucoup de conflits armés sont prévisibles. Des signes précoces de la montée de la violence existent.

Il faut s'inquiéter lorsque dans un pays les richesses semblent très mal réparties et que l'on porte atteinte aux libertés des gens. De même lorsque les dépenses militaires paraissent disproportionnées et que les minorités sont malmenées. Les grandes puissances pourraient alors manifester fermement leur désaccord et éviter parfois le pire.

– Alors, quand les humanitaires interviennent, il est déjà bien tard.

– Tu as raison. Le travail des humanitaires ne consiste pas à essayer d'empêcher les guerres. Bien qu'il arrive souvent que des ONG alertent l'opinion publique à propos de situations qui peuvent devenir très dangereuses. Ils tentent d'en limiter les conséquences sur les populations civiles. Mais, heureusement, la prévention touche bien d'autres aspects.

– *Lesquels ?*

– Beaucoup de maladies mortelles sont évitables par des programmes de vaccination. C'est le cas de la rougeole, qui tue chaque année des centaines de milliers d'enfants dans l'hémisphère Sud.

On peut souvent prévenir les diarrhées avec des précautions sur la consommation de l'eau et quelques règles d'hygiène. On peut même les guérir avec des traitements très simples, à la portée de tout le monde, comme donner à boire de l'eau propre additionnée de sel et de sucre. Ainsi beaucoup de vies, notamment celles des bébés, peuvent être épargnées.

Ce type de programme s'appelle l'« éducation pour la santé ».

Dans la famille, c'est la maman qui s'occupe de la santé. C'est pour ça qu'il est important de bien lui apprendre à faire bouillir l'eau de boisson, à laver les aliments, à savoir reconnaître les premiers signes des maladies les plus courantes. Bien sûr, dans beaucoup de pays, c'est le ministère de la Santé qui s'en occupe.

Dans les pays pauvres, les ONG et les agences des Nations unies aident à réaliser ce type d'action.

– *Donc, les organisations humanitaires n'agissent pas seulement en urgence !*

– Non. A côté des actions d'urgence, les ONG mènent aussi d'innombrables actions très utiles mais moins connues. Par exemple, elles aident à creuser des puits, à former des agents communautaires ou à créer des pharmacies villageoises. Des projets prennent forme pour soigner et protéger les enfants des rues à Abidjan, à Guatemala-Ciudad ou à Saint-Pétersbourg…

Les humanitaires accompagnent les petits peuples menacés, comme les indiens Yanomamis d'Amazonie dont le territoire est convoité par les chercheurs d'or, ou encore les Touaregs, ces fiers hommes bleus du désert africain qui abandonnent peu à peu leur vie de nomades. Tu t'en doutes, la réalisation de telles actions s'étale souvent sur plusieurs années.

Mais une grande menace plane sur beaucoup de pays en voie de développement, c'est l'extension de l'épidémie de SIDA.

– Explique-moi ce que c'est exactement, le SIDA…

– SIDA veut dire : Syndrome d'immuno-déficience acquise. C'est une maladie infectieuse grave, souvent mortelle, due à un virus. Les personnes atteintes ne peuvent se défendre contre les infections. Le virus se transmet principalement par le sang et lors de relations sexuelles avec des personnes contaminées. Le SIDA représente aujourd'hui la principale cause de mortalité dans les pays pauvres.

En Afrique, il tue dix fois plus que les guerres. Les dirigeants de ces pays ont longtemps nié ou minimisé l'ampleur de l'épidémie. Les autorités religieuses ne les ont pas aidés non plus. L'Église condamne l'usage des préservatifs. Pour elle, les seuls moyens de se protéger du SIDA passent par la fidélité et l'abstinence, c'est-à-dire le renoncement aux rapports sexuels.

– Et ça a été efficace ?

– Pas du tout. Les résultats ont été dramatiques. Comme ce sont surtout les jeunes adultes qui tombent malades, des champs cultivés se trouvent abandonnés, l'activité des usines ou des mines fortement ralentie, à cause du nombre de travailleurs touchés. Et tous les jours, des milliers d'enfants meurent des conséquences de la maladie, le plus souvent transmise par leurs mamans. Il y a aujourd'hui des millions d'orphelins à cause du SIDA.

Les nations riches ont aussi leur part de responsabilité. Le professeur Jonathan Mann a été le premier médecin à montrer que les pauvres étaient plus vulnérables que les autres face au SIDA. Nommé responsable aux Nations unies pour lutter contre la terrible maladie, il en démissionna avec fracas pour protester contre l'égoïsme des pays nantis et l'absence de courage des gouvernements des nations pauvres.

Et pourtant, des traitements simples existent pour au moins soulager et soigner un certain nombre de complications de la maladie, mais ils sont trop chers pour les malades africains ou asiatiques. De nouveaux traitements, qui associent plusieurs médicaments, permettent aujourd'hui d'améliorer considérablement la qualité et la durée de vie des patients. Très chers, même pour les pays riches, ils demeurent absolument hors de portée des autres.

– *Mais comment faire alors pour soigner tous ces malades ?*

– Les Nations unies viennent de déclarer la guerre au SIDA. Il était temps ! Les organisations médicales humanitaires et des associations de défense des malades, comme Act-Up ou Treatment Action Campaign (TAC), une ONG sud-africaine, mènent une action vigoureuse pour obtenir une baisse du prix des médicaments.

Tu dois savoir que ces traitements font l'objet de grands enjeux financiers. Des pays très touchés par l'épidémie, comme l'Afrique du Sud et le Brésil, sont maintenant capables de fabriquer ces médicaments à un moindre coût. Ils se heurtent aux intérêts des grands laboratoires pharmaceutiques, qui finalement ont promis de baisser leurs prix.

Des programmes de traitement des mamans malades, afin d'éviter la transmission du virus à leurs bébés, commencent à voir le jour dans les pays du Sud, ce sont souvent les organisations humanitaires ou des ONG locales qui les mènent.

Parfois, des gouvernements, comme ceux de Thaïlande et d'Ouganda, décident de faire de la lutte contre le SIDA leur priorité. On arrive alors à nettement freiner la maladie avec de grands efforts d'éducation des jeunes et la mise à leur disposition de préservatifs.

Mais, bien sûr, les progrès décisifs viendront de la découverte de vaccins capables d'éviter la maladie. Il faudra encore du temps.

L'action humanitaire, est-ce toujours une bonne cause ?

– *Es-ce que les soldats aussi font de l'humanitaire ?*

– Absolument pas ! Maintenant, tout le monde voudrait en faire : les États, les armées et même les entreprises privées. Ces nouveaux intervenants créent une certaine confusion, car leur démarche n'est pas désintéressée. Mais c'est un peu, pour l'humanitaire, le prix du succès.

Les nations riches envoient des médecins, des ingénieurs, des professeurs dans les pays amis qui en ont besoin, pour les aider, mais également pour accroître leur influence.

Les armées de ces mêmes pays affirment volontiers agir aussi en humanitaire, grâce aux énormes moyens de transport et d'organisation qu'elles sont capables de mobiliser rapidement.

Les ONG reconnaissent l'efficacité et le dévouement des militaires, mais pas leur impartialité, puisqu'ils obéissent aux ordres de leur gouvernement. Par exemple, pendant la guerre du Kosovo, les soldats alliés ne pouvaient pas être des deux côtés pour secourir les populations civiles, contrairement aux organisations humanitaires. Il y a donc des débats très passionnés sur les rôles des humanitaires et des militaires.

– Et toi, qu'en penses-tu ?

– L'action humanitaire est de plus en plus utilisée par les États pour leur politique étrangère, leur diplomatie. Les gouvernements se servent de l'humanitaire pour donner l'impression qu'ils agissent et ne restent pas indifférents à un drame connu de tous. Cela leur évite, dans certaines situations délicates, de proposer des solutions politiques, plus difficiles à trouver. C'est ce que nous avons appelé l'« alibi humanitaire ».

L'exemple le plus frappant a été l'attitude des Européens, et plus généralement des Nations unies, en Bosnie, pendant la guerre entre les Serbes, les Croates et les Musulmans de Bosnie. Au lieu de protéger vraiment les populations civiles, les « casques bleus » de l'ONU ont été employés à des tâches humanitaires, comme convoyer de la nourriture ou du bois de chauffe. Beaucoup sont morts sous les balles des *snipers*, les tireurs d'élite des deux camps, ou ont sauté sur des mines. Les images télévisées ont largement montré cette « gesticulation humanitaire ». Cela n'a pas empêché qu'à Srebrenica des milliers de Bosniaques musulmans aient été assassinés malgré la présence des « casques bleus ».

Dès le début de la guerre de Bosnie, les organisations humanitaires qui aidaient les populations avaient à plusieurs reprises supplié les responsables politiques d'agir pendant qu'il en était encore temps. Comme tu le vois, l'humanitaire n'a pas pour but de remplacer l'action politique.

– L'humanitaire, ça semble parfois bien difficile !

– Tu as raison. Il est des situations où les organisations humanitaires sont confrontées à des choix périlleux.

Par exemple, en aidant les populations lors d'une guerre civile, certains peuvent reprocher aux humanitaires de prolonger le conflit en permettant aux combattants de reprendre des forces. D'autres insistent pour dire que les bénéficiaires de l'aide peuvent en devenir dépendants.

Tout cela est vrai. Mais ne rien faire est une position morale insoutenable. De plus, il n'a jamais été démontré que l'absence de secours était bénéfique aux populations.

Parfois, l'aide humanitaire peut être utilisée par certains gouvernements pour faciliter une politique condamnable. Par exemple, quand ils regroupent ou déplacent des populations de force et demandent ensuite aux organisations humanitaires de les secourir. Voilà un piège redoutable !

Accepter, c'est participer à une action critiquable ; refuser, c'est abandonner des gens et les laisser mourir. Tu comprends pourquoi certains parlent de l'innocence perdue des humanitaires devant des choix si difficiles.

– Il doit bien y avoir parfois des critiques justifiées ?

– Il faut d'abord que tu saches que beaucoup de critiques formulées contre l'action humanitaire l'ont été par les humanitaires eux-mêmes. Bien sûr, il nous arrive parfois de nous tromper.

Le fait d'apporter une grande quantité de nourriture pour lutter contre une famine, et la distribuer gratuitement, a parfois ruiné les paysans des régions voisines, qui n'ont pu écouler leurs récoltes.

De même, il arrive que nous ne prenions pas assez de temps pour comprendre les traditions des gens que nous prétendons aider. Nous imposons alors des modes de pensée et d'action d'un pays occidental, sans succès d'ailleurs. C'est pourquoi il est si important de travailler étroitement avec des professionnels du pays.

Il est arrivé aussi que les ONG soient trop alarmistes, en parlant à tort, dans les journaux ou à la télévision, de famine ou d'épidémie, face à des phénomènes en réalité moins graves.

– *Mais alors, pour faire de l'humanitaire, il faut être un peu journaliste !*

– Pas exactement. Tu dois comprendre que les organisations humanitaires modernes ont été traumatisées par ce qui s'est passé pendant la Seconde Guerre mondiale dans les camps de concentration. Dans ces camps, les nazis enfermaient leurs opposants dans des conditions inhumaines, beaucoup y ont perdu la vie. Il y avait même des camps d'extermination, où des êtres humains, parce qu'ils étaient juifs ou tziganes, étaient assassinés dans des chambres à gaz.

A l'époque, la Croix-Rouge est parvenue à approcher quelques-uns de ces lieux d'abomination. Mais elle n'a rien vu – ou rien voulu voir – et a continué d'envoyer des colis alimentaires aux prisonniers, en pensant que c'était là sa principale mission. Cette attitude fut un désastre, car les humanitaires n'ont pas rompu le silence qui entourait l'extermination de millions de personnes.

C'est pour cela qu'ils sont si attentifs aujourd'hui à porter témoignage de ce qu'ils voient.

– *Donc, comme tu le dis, il faut toujours témoigner…*

– Pas toujours, en réalité. Parfois, il vaut mieux pouvoir continuer à aider des personnes, peut-être même sauver leurs vies, et se taire.

Par exemple, en Corée du Nord, où existe un régime très dictatorial, une partie importante de la nourriture et des médicaments apportés par les organisations humanitaires a été détournée et stockée pour l'armée. Cependant, une petite partie arrivait quand même à la population affamée et décimée par des maladies qui pourtant pouvaient se soigner facilement. C'est pourquoi ce détournement, organisé par les autorités nord-coréennes au début, ne fut pas dénoncé, dans la crainte de l'expulsion immédiate des humanitaires.

Dans d'autres cas, les victimes demandent surtout à ce que l'on parle d'elles. Pendant la dernière guerre entre la Russie et la Tchétchénie, les civils soumis à de nombreux mauvais traitements suppliaient les rares organisations humanitaires de « crier au monde entier » leur détresse.

– *C'est plutôt bien qu'à la télévision on montre l'action humanitaire !*

– Oui, en parler vaut mieux que le silence ! Mais les images très fortes de populations affamées ou de réfugiés désespérés amènent plus volontiers des sentiments de pitié que de réflexion.

Cela peut renforcer l'idée de certains gouvernements que les gens se sentent peu concernés par ces drames lointains, que, « de toute façon, là-bas règne la barbarie et qu'il n'y a pas grand-chose à faire ». Sauf peut-être à envoyer quelques humanitaires pour apaiser leur bonne conscience.

Or, ces conflits ont des causes profondes, et parfois de grandes puissances y contribuent : des intérêts politiques et économiques importants sont en jeu. Tu comprends bien qu'il faudrait prendre un peu de temps pour expliquer cela, mais nous vivons à l'heure du *zapping*, qui n'est pas propice aux longues analyses. On passe alors d'une urgence à l'autre, une nouvelle crise fait oublier aussitôt la précédente. Souvent, des situations de conflits se résument alors à des images de volontaires humanitaires ou même de soldats aidant les populations souffrantes.

– D'accord, mais ce que montre la télévision, c'est quand même vrai !

– Figure-toi que non ! Le mensonge le plus célèbre fut celui de Timisoara, une petite ville de Roumanie. En 1989, la télévision roumaine montrait des images de ce qu'elle présentait comme un charnier, les restes d'un grand massacre, attribué à la police du dictateur communiste Ceausescu. En fait, c'était un montage, une manipulation pour susciter l'indignation contre le gouvernement roumain. Beaucoup de chaînes de télévision ont retransmis ces images sans se donner le temps d'en vérifier l'authenticité. Tout le monde peut être abusé.

Depuis, les journalistes font encore plus attention à ce qu'on leur donne à voir. Et c'est normal, car ils savent qu'ils ont une grande responsabilité vis-à-vis de l'opinion publique.

Il n'en demeure pas moins que, pour les humanitaires, la télévision reste irremplaçable pour montrer les images de conflits oubliés et de victimes dont personne ne parle.

Comment les humanitaires agissent-ils ?

– Comment les humanitaires choisissent de travailler dans tel ou tel pays ?

– L'action humanitaire se déclenche le plus souvent en réaction à une crise grave. Parfois, une population en détresse envoie un S. O. S.

Il arrive aussi qu'une ONG du Sud contacte son homologue du Nord pour l'aider à faire face à une situation difficile.

Dans d'autres circonstances, une organisation humanitaire s'inquiète à partir de ses propres moyens d'information et décide d'« aller voir ».

Bien sûr, personne ne peut être présent partout en même temps. Alors chaque ONG, selon son savoir-faire, décide si une action est prioritaire, si elle doit passer avant d'autres. Pour une organisation humanitaire médicale, par exemple, si dans un pays la situation sanitaire semble très mauvaise, parce qu'il y a une guerre et que ce pays ne paraît pas capable de secourir ses habitants en danger, c'est une priorité.

– Et ensuite, comment les choses continuent-elles ?

– Une mission exploratoire est envoyée sur place, en général composée de deux ou trois personnes expérimentées, afin d'évaluer les besoins.

Deux principes sont absolument essentiels :

D'abord, avoir un libre accès à la population qu'on se propose de secourir, c'est-à-dire pouvoir parler directement avec les gens, sans la présence de militaires par exemple.

Ensuite, faire une évaluation indépendante, autrement dit se rendre compte soi-même de l'état des gens à secourir et des nécessités vitales.

Ce sont ces conditions qui ont été très difficiles à réunir en Corée du Nord, en 1998. Le gouvernement voulait masquer l'état sanitaire et nutritionnel désastreux de ses habitants et détourner une partie de l'aide humanitaire.

– *Mais si c'est très urgent ?*

– Si on a des raisons de penser que la situation est grave, cette première équipe part avec des médicaments et du matériel.

Dans ce cas, l'exploration est très courte, quelques jours tout au plus, et, parfois même, l'action commence immédiatement : dans le cas, par exemple, d'un afflux inattendu de réfugiés en mauvaise santé.

En revanche, si on ne se trouve pas dans une situation d'urgence, l'étude devient beaucoup plus complète.

Il s'agit de bien noter le mode de vie et les coutumes des habitants, leur logement, leurs habitudes alimentaires et l'accès à l'eau. Mais aussi, il faut connaître les principales maladies et l'organisation de la santé pour y faire face, ainsi que les routes et les moyens de communication.

Tout cela sera très utile, car avec ces données va

se construire un projet d'action, qui sera ensuite discuté avec les représentants de la population locale.

Après, il faudra trouver l'argent nécessaire à l'action.

– D'où vient l'argent pour l'humanitaire ?

– Les ONG font souvent appel, pour une action particulière, aux dons en argent des personnes privées.

Il y a aussi des gens qui les soutiennent régulièrement, comme ta tante Yvette ou les parents de Véra et Willy, tes copains. Cette forme de soutien est très importante parce que, avec ces dons, les ONG peuvent choisir leurs actions plus librement.

De grands organismes internationaux, comme l'Union européenne, donnent aussi de l'argent pour certaines actions humanitaires.

Il y a eu quelques rares scandales de détournement d'argent par des gens malhonnêtes. Tu comprends bien alors pourquoi les organisations humanitaires déploient des efforts importants pour informer le public sur la gestion des sommes collectées. Elles le font par voie de presse ou en créant un comité des donateurs qui vérifie si les fonds sont bien utilisés comme annoncé.

– Dans les pays pauvres, existe-t-il des gens qui font de l'humanitaire ?

– Oui. Et c'est une très bonne chose. De plus en plus d'ONG se créent dans le Sud. Certaines sous l'influence des Églises, d'autres constituées tout simplement par des personnes qui ont des compétences professionnelles dans la santé, l'agriculture, l'éducation.

Leur principal problème est de trouver de l'argent pour financer leurs programmes. Souvent, des actions communes se développent entre les ONG du Nord et leurs collègues du Sud. On appelle ça le partenariat.

C'est un progrès important qui, fréquemment, garantit la poursuite de l'action après que le partenaire du Nord a terminé sa mission. Pour réussir ce type de programme, il faut du personnel humanitaire non seulement compétent, mais aussi attentif et modeste.

– Justement, qui sont les personnes envoyées à l'étranger par les ONG ?

– Des gens dont le métier, ou le savoir-faire, peut être utile à l'action humanitaire : des médecins, des infirmières, des nutritionnistes, des administrateurs, mais aussi des logisticiens qui s'occupent du matériel nécessaire.

Ce n'est plus, comme au début, des *French doctors*, qui allaient en mission humanitaire, quittant pour quelques semaines leur hôpital ou leur cabinet avec un passeport et une caisse de médicaments.

Maintenant, et de plus en plus, ces personnes sont salariées et s'en vont sur le terrain pour une longue période ; elles ont reçu une formation et encadrent souvent des volontaires qui, eux, ne partent que quelques semaines ou quelques mois.

Les ONG deviennent donc de plus en plus professionnelles. On parle de « professionnalisation de l'humanitaire ». La qualité des programmes réalisés sur le terrain ne cesse de s'améliorer. Voilà une bonne chose car ce sont les populations qui en bénéficient.

– *Donc, ce que tu appelles la « professionnalisation de l'humanitaire », c'est bien ?*

– Pas toujours. Les organisations humanitaires manient maintenant de grosses sommes d'argent, emploient un personnel nombreux et fonctionnent un peu comme des entreprises.

Aussi, renoncer à un important programme en cours de réalisation avec un gros budget et beaucoup d'employés est une décision difficile à prendre.

Toutefois, dans certaines situations, il n'est pas possible de fermer les yeux quand, par exemple, on se sert des humanitaires pour faciliter des déplacements forcés de populations. Les Médecins sans frontières ont eu le courage de dénoncer cette situation en 1985 en Éthiopie, d'où ils ont alors été expulsés.

Il arrive aussi que les professionnels de l'humanitaire cèdent à la routine ou ne soient pas assez vigilants face à une situation inédite. Par exemple, en 1990, des milliers d'enfants dénutris ont été découverts dans les orphelinats de Roumanie. Les professionnels, habitués aux situations de famine, pensaient qu'ils étaient victimes de mauvais traitements.

Lorsque des Médecins du monde verront ces petits Roumains, ils diagnostiqueront le SIDA. Ces docteurs ayant l'habitude de soigner cette maladie dans leurs hôpitaux en France l'ont donc reconnue très rapidement.

Tu le vois, trop de professionnalisme de l'action humanitaire peut aussi être néfaste. Voilà pourquoi certaines ONG insistent tant pour que l'engagement des bénévoles soit préservé.

Et en France,
que font les humanitaires ?

– Mais dans notre pays aussi, il y a des gens qui ont besoin d'être aidés !

– Tu as raison. Il existe depuis très longtemps en France une tradition d'aide aux plus démunis, surtout de la part des grandes associations caritatives. Le mot caritatif – au féminin, caritative – vient du latin *caritas*, qui veut dire « charité ». Elles sont souvent d'origine religieuse, comme le Secours catholique, l'Entraide protestante, mais aussi laïques, comme ATD Quart monde ou le Secours populaire.

Après les trente années d'aisance qui ont suivi la guerre, la France, comme la plupart des pays industrialisés, connaît une montée très importante du chômage au début des années 1980. Des familles entières commencent à avoir des difficultés pour se loger, s'alimenter, se soigner. Les rues voient apparaître des personnes qui ne savent où aller, sans maison ni travail, ceux que l'on appelle les SDF (sans domicile fixe). En hiver, certains y meurent de froid.

– Pourquoi, chaque année, des gens meurent de froid dans la rue ?

– Parce que, tous les hivers, la question du logement des personnes sans domicile revient d'une manière dramatique.

Tout au long de l'année, il y a des problèmes d'abri pour ces gens, soit que le nombre de lits s'avère insuffisant, soit que les conditions d'accueil semblent si mauvaises que certains préfèrent la rue. De plus, il existe des règlements intérieurs qui obligent les gens à repartir tôt le lendemain matin, ce qui rend leur vie très difficile. Avoir un abri au chaud pour une nuit ne garantit pas d'y retrouver une place les jours suivants.

L'hiver, la mauvaise conscience de tous prend un tour plus aigu et rend insupportable l'annonce des morts de froid dans les rues. Mais sitôt le printemps revenu, on oublie vite ce qui nous avait pourtant indignés quelques mois auparavant.

– Et les humanitaires, que font-ils ?

– Pour les organisations humanitaires, surtout les *French doctors*, s'est posé un problème moral : est-il légitime d'aller soigner des gens aux quatre coins de la planète et ne pas s'intéresser aux personnes qui souffrent en bas de chez soi ?

Alors, des consultations gratuites s'ouvrent pour répondre aux problèmes de santé de ceux que l'on appelle désormais les « nouveaux pauvres » ou encore les « personnes en situation d'exclusion et de précarité ».

– Exclusion et précarité, qu'est-ce que ça veut dire ?

– Les gens en situation d'exclusion sont des personnes qui ont perdu progressivement le contact avec le reste de la société. En général, tout commence par la perte du travail : le chômage entraîne rapidement l'expulsion du logement. Très vite, des conflits apparaissent dans les familles, et alors surviennent les ruptures, les séparations. Et c'est l'enchaînement infernal des hébergements d'urgence, et ensuite la rue.

Ces personnes vivent très souvent dans une grande détresse psychologique. Elles ont perdu le lien social : les relations familiales, amicales, professionnelles, de voisinage dont elles avaient l'habitude. Si on ne les aide pas au début de cette descente dramatique, il est très difficile ensuite de les faire sortir de l'exclusion.

Les personnes en situation de précarité, les plus nombreuses, connaissent des conditions de vie instables pouvant les conduire à l'exclusion. Elles n'ont pas de travail fixe, leur logement peut être menacé et elles peuvent avoir des problèmes de santé. Le risque est la bascule dans la misère au moindre ennui ou au moindre « pépin » en raison de leur fragilité.

– Et elles sont nombreuses à avoir des problèmes de santé ?

– Oui. Et au début, nous sommes surpris de rencontrer tant de malades différents.

Il y a parmi eux des chômeurs de longue durée qui perdent leur droit à la Sécurité sociale : le système de remboursement des dépenses médicales auquel a droit chaque travailleur, et sa famille.

On trouve également des étrangers, qui n'ont pas ou n'ont plus leurs papiers en règle, mais aussi des mères de famille n'ayant pas assez d'argent pour acheter des médicaments, des jeunes « en galère »…

Bref, les salles d'attente des humanitaires ne désemplissent pas. Les Médecins du monde inventent alors un système qui va connaître un succès foudroyant : dans le même lieu, sans rendez-vous, ils assurent la consultation médicale et la consultation sociale. Cela veut dire que, d'une part, on les soigne et, d'autre part, on cherche les moyens de les faire bénéficier d'aides financières ou de facilités auxquelles ils ont droit mais qu'ils ignorent.

Ce dispositif va être reproduit peu à peu dans les hôpitaux, qui jusqu'alors accueillaient très mal les plus démunis. Les humanitaires commencent à interpeller le gouvernement sur les lenteurs ou la mauvaise volonté de l'administration pour ouvrir des droits sociaux aux exclus.

– *Est-ce que les choses ont été mieux ensuite ?*

– Oui, mais très lentement. Les associations caritatives et les organisations humanitaires plaident inlassablement la cause des plus démunis, en témoignant dans la presse et à la télévision. Avec le soutien d'une très large partie de l'opinion publique, elles poussent les gouvernements successifs à faire des efforts pour lutter contre l'exclusion et la précarité.

Des changements importants ont lieu :

D'abord la création du Revenu minimum d'insertion, le RMI, qui assure une petite somme d'argent à tout adulte de plus de 25 ans dans le besoin, et la gratuité des soins médicaux.

Puis l'Aide médicale est attribuée plus généreusement aux personnes malades qui n'ont pas suffisamment de revenus. Le SAMU social, à Paris puis en province, va à la rencontre de ceux qui vivent dans la rue. Récemment, a été créée la Couverture maladie universelle, la CMU, qui doit permettre à des millions de gens de recevoir des soins gratuitement.

Différentes autres mesures concernent le logement, mais aussi les factures de gaz et d'électricité.

Mais pendant les années 90, la France, son administration, ses hôpitaux et ses services sociaux ne sont pas prêts à faire face à une détresse si massive.

Ce n'est que vers la fin du siècle que les améliorations se font vraiment sentir, en même temps que le chômage commence à baisser. Cependant des millions de gens ont encore besoin des repas servis par les Restos du cœur de Coluche, des vêtements distribués par le Secours catholique, des hébergements de nuit proposés par l'Armée du salut, des soins médicaux offerts par les *French doctors*, ou encore de l'accompagnement quotidien des plus pauvres par le réseau d'ATD Quart monde.

– Et les enfants dans tout ça ?

– Fort heureusement, il existe en France la Protection maternelle infantile, la PMI, de la naissance à 6 ans, qui suit les enfants d'un point de vue médical et vient en aide aux familles en difficulté.

Mais parfois, cela ne suffit pas. Comme dans le cas du saturnisme qui touche les tout-petits. Cette maladie est due à une intoxication par le plomb, qui se trouve dans les peintures des très vieux immeubles – occupés par les familles pauvres. Quand la peinture s'écaille, elle tombe sur le sol et les enfants la mangent parce qu'elle a un goût sucré. Les conséquences peuvent être redoutables, car le plomb se fixe dans leur corps, en particulier sur leur cerveau, ce qui entraîne des retards intellectuels, des difficultés scolaires. Il faut donc surveiller le niveau de plomb dans le sang et mettre à l'abri les milliers d'enfants atteints, soit en les relogeant ailleurs, soit en rénovant les vieux immeubles. Cette situation est connue depuis longtemps. Des mesures sont parfois prises, mais à un rythme désespérément lent.

C'est pourquoi les organisations humanitaires, après un travail d'enquête, ont décidé de rendre publics les résultats montrant que de nombreux enfants étaient en danger, ce qui a suscité beaucoup d'émotion. Une loi récente vise à un meilleur contrôle de la situation. Il faudra voir dans la durée comment elle est vraiment appliquée.

– *Et les petits enfants étrangers ?*

– Les organisations humanitaires restent très attentives aux petits Rom tziganes. *Rom* veut dire « être humain » dans leur langue traditionnelle. Ils forment un peuple de 8 à 10 millions de personnes. La plupart vivent en Europe de l'Est, où ils sont victimes de discriminations, d'abus et d'exclusion. C'est pourquoi beaucoup viennent dans des pays comme la France. On les appelle aussi les « gens du voyage » parce qu'ils ont une existence nomade, qu'ils se déplacent dans des roulottes, comme les autres tziganes français. Ce mode de vie différent est souvent mal accepté par une partie de la population, et les maires des villes refusent quelquefois d'inscrire leurs enfants à l'école.

Les services de santé et de PMI sont mal préparés à recevoir ces familles, ce qui entraîne un sentiment de rejet chez les Rom tziganes.

Les organisations humanitaires essaient de leur venir en aide. Elles les accompagnent dans leurs démarches quotidiennes pour que les enfants puissent aller à l'école, être vaccinés, soignés s'ils sont malades.

– *Au collège, on parle souvent des drogues. Que faites-vous pour les jeunes drogués ?*

– Ces jeunes sont des toxicomanes, des consommateurs de drogues. Ils deviennent parfois porteurs de maladies comme les hépatites et le SIDA en s'injectant dans les veines de la drogue, l'héroïne, avec des seringues qu'ils s'échangent. Ils se retrouvent alors dans des situations sociales et psychologiques très difficiles. On dit que ce sont les exclus parmi les exclus, car ils ont eu beaucoup de mal à se faire accepter par les services de santé.

– *Mais qu'a-t-on pu faire ?*

– Les gouvernements se sont longtemps contentés d'interdire les drogues et de faire la chasse à ceux qui en consommaient. De ce fait, les usagers de drogues, se sentant en situation illégale, n'osaient pas aller consulter. Cette attitude a conduit à un désastre dans plusieurs pays en facilitant grandement la diffusion du SIDA. Ce fut le cas en France.

Des associations nouvelles comme AIDES et d'autres comme Médecins du monde décidèrent alors de faire de l'ingérence humanitaire et de ne pas abandonner ces populations. D'autant que l'on s'aperçut très vite que les toxicomanes se recrutaient essentiellement parmi les éléments les plus pauvres de la société, parce que en proie au désespoir et au découragement.

Ces organisations ouvrirent d'abord les premiers centres de dépistage anonyme et gratuit de la maladie. Cela pour éviter que les patients atteints soient montrés du doigt.

Ensuite, elles firent circuler des bus d'échange de seringues distribuant aux usagers de drogues du matériel propre, mais aussi des préservatifs permettant des rapports sexuels protégés. Une information sur les risques encourus fut également faite dans ces bus.

Plus tard, des centres médicaux assurèrent la délivrance de produits de « substitution », qui remplacent les drogues injectables.

Des vies ont été épargnées, et beaucoup de toxicomanes peuvent maintenant être soignés grâce au travail inauguré par ces organisations, et partagé maintenant par l'ensemble des soignants.

Tu vois, c'est aussi ça, l'ingérence humanitaire. Mais depuis quelques années les pratiques de consommation de drogues ont évolué.

– *Comment s'est faite cette évolution ?*

– Aujourd'hui, les jeunes prisent beaucoup les *rave parties*. Le verbe *to rave* signifie « délirer » en anglais. Ce sont des fêtes où s'assemblent des milliers ou des dizaines de milliers de jeunes gens autour de la musique techno. Elles se déroulent souvent à la campagne, en plein air, et les jeunes dansent parfois pendant plusieurs jours. Beaucoup consomment alors des cachets de drogue, ou ce qu'ils croient être des cachets de drogue. Des accidents graves ont déjà eu lieu. Comme la police interdit ces rassemblements, la plupart du temps il n'y a aucune présence médicale sur place et souvent pas d'eau.

Des organisations humanitaires se rendent donc à ces *rave parties* pour donner les premiers soins de secourisme, mais surtout pour informer les jeunes sur les dangers liés à la consommation de ces différents produits.

– Mais alors, on ne lutte plus contre les drogues qui font tant de mal ?

– La lutte contre les trafiquants de drogues doit bien sûr continuer. C'est le rôle de la police. Tout le monde serait ravi de vivre dans un monde sans drogue. Mais il faut être réaliste, ce n'est pas pour demain.

En attendant, il vaut mieux limiter les risques de maladies très graves pour les toxicomanes, leur entourage et d'une certaine manière tout le monde. Voilà pourquoi l'on parle d'une attitude de réduction des risques.

Comme lors de leurs actions à l'étranger, les organisations humanitaires agissent dans notre pays en révélant au grand public un certain nombre de situations graves et injustes. Elles ne prétendent pas résoudre les problèmes ainsi posés. Mais, comme je te l'ai raconté, beaucoup de gens ont été aidés, et sans doute elles ont contribué à faire changer des lois et à modifier de mauvaises pratiques.

– Dans ce que tu m'as raconté, il y a des choses tristes et d'autres pleines d'espoir.

– Bien sûr, il y a des choses tristes dans ce que je t'ai raconté. C'est la réalité que vivent beaucoup de gens dans le monde et même dans notre pays. Il faut en parler pour qu'on ne les oublie pas.

Les femmes et les hommes qui font de l'humanitaire donnent énormément au service des autres, parfois ils y perdent la vie. En retour, ils reçoivent beaucoup : l'action humanitaire apporte des joies immenses, de celles qu'on n'oublie pas. La fête organisée par des villageois africains parce que l'eau arrive enfin d'un puits qui vient d'être creusé. Le sourire radieux d'une maman kurde, dont l'enfant a été guéri. Les petits cadeaux que l'on a remis pour vous de la part des paysans mexicains ou des Touaregs du Mali… Tout cela, c'est aussi de l'humanitaire.

Car dans ce beau mot d'« humanitaire », il y a le mot « humain ». Mais cela, tu l'avais déjà compris sans que je te l'explique.

REMERCIEMENTS

De nombreux enfants ont eu la patience et la ténacité de participer à des séances de lecture de ce texte. Qu'ils trouvent ici, par ce modeste clin d'œil, ma sincère reconnaissance : Lou Grangeon, Marine et Louise Hamon, Camille Loiseau, Benjamin Fels, Jérémie Janiquot, Florian Lasternat, Blandine Loyer, Roxane et Hadrien Mamou.

Isabelle Finkelstein, Roland Guénoun et Stéphane Sisco m'ont aidé de leurs conseils bienveillants. Les discussions avec Jean-Claude Guillebaud ont été très éclairantes. Et sans les encouragements et la confiance de Colette Mamou, ce texte n'aurait jamais vu le jour.

Il va de soi que l'auteur demeure seul responsable de son contenu et de sa forme finale.

Dans la même série

Tahar Ben Jelloun
Le Racisme expliqué à ma fille
1998, nouvelle édition 1999

Régis Debray
La République expliquée à ma fille

Max Gallo
L'Amour de la France expliqué à mon fils

Sami Naïr
L'Immigration expliquée à ma fille

Jacques Duquesne
Dieu expliqué à mes petits-enfants

Jean Ziegler
La Faim dans le monde expliquée à mon fils

Lucie Aubrac
La Résistance expliquée à mes petits-enfants

Annette Wieviorka
Auschwitz expliqué à ma fille

Nicole Bacharan et Dominique Simonnet
L'Amour expliqué à nos enfants

Jacques Semelin
La Non-violence expliquée à mes filles

Jérôme Clément
La Culture expliquée à ma fille

Roger-Pol Droit
Les Religions expliquées à ma fille

Henri Weber
La Gauche expliquée à mes filles

André Fourçans
La Mondialisation racontée à ma fille

RÉALISATION : PAO ÉDITIONS DU SEUIL
IMPRESSION: NORMANDIE-ROTO IMPRESSION S.A. À LONRAI (61250)
DÉPÔT LÉGAL : JUIN 2001. N° 50571 (01-1171)